Riff Cwrel

Gan Steve Parker

Dyluniwyd gan Simon Webb a Nicola Friggens

Addasiad Cymraeg gan Bethan Mair

DySgu am gwrel

Math arbennig o graig sydd yn y môr yw cwrel. Mae'n ffurfio pob math o siapiau rhyfedd. Creaduriaid bach o'r enw polypau cwrel sy'n ei greu. Gall cwrel edrych fel bwrdd, madarch, simdde, coeden a sawl siâp arall. Mae ambell un yn llai o faint na dy law, ac eraill yn fwy na dy dŷ!

Er bod polypau cwrel yn edrych fel blodau wedi'u gwneud o jeli , anifeiliaid bach iawn ydyn nhw. Maen nhw'n byw mewn tyllau yn y graig maen nhw'n ei hadeiladu o'u cwmpas. Wrth i hen bolypau cwrel farw, bydd rhai newydd yn creu craig newydd. Wrth wneud hyn dros gannoedd a miloedd o flynyddoedd, bydd riff cwrel yn tyfu.

Faint o berygl?

Mae nifer y cregyn yn dangos faint o berygl sydd i'r cwrel o ganlyniad i lygredd, pysgota, cynhesu byd-eang a pethau eraill.

1 2 3 4 5

Lleiaf o berygl

Mwyaf o berygl

I ddangos pa mor fawr yw anifeiliaid y riff, gallwn gymharu eu maint ag oedolyn.

Os ydyn nhw'n fach, rydyn ni'n defnyddio llaw oedolyn.

Enwau'r riffiau

1: Riffiau'r Caribî
2: Riffiau arfordir gorllewin yr Iwerydd
3: Riffiau dŵr oer gogledd yr Iwerydd
4: Riffiau canol yr Iwerydd
5: Riffiau'r Môr Coch
6: Riffiau'r Gwlff
7: Riffiau Cefnfor India
8: Riffiau Ynysoedd y Maldives
9: Riffiau Swnda
10: Riffiau Môr De China
11: Riffiau Celebes
12: Y Barriff Mawr
13: Riffiau'r Môr Cwrel
14: Riffiau Ynysoedd y Môr Tawel
15: Riffiau dŵr oer Seland Newydd

Gogledd America

De America

Mae rhai mathau o gwrel yn tyfu mewn dŵr oer, megis ar lannau'r Iwerydd yng ngogledd America ac Ewrop.

Riffiau ledled y byd

Mae'r rhan fwyaf o **gwrel** ar ymyl moroedd sydd yng nghanol y byd, fel y **trofannau**. Yma mae'r dŵr yn gynnes, yn **fas** ac yn glir. Mae **grwpiau** enfawr o greigiau o'r enw **riffiau cwrel** yn cael eu creu yma.

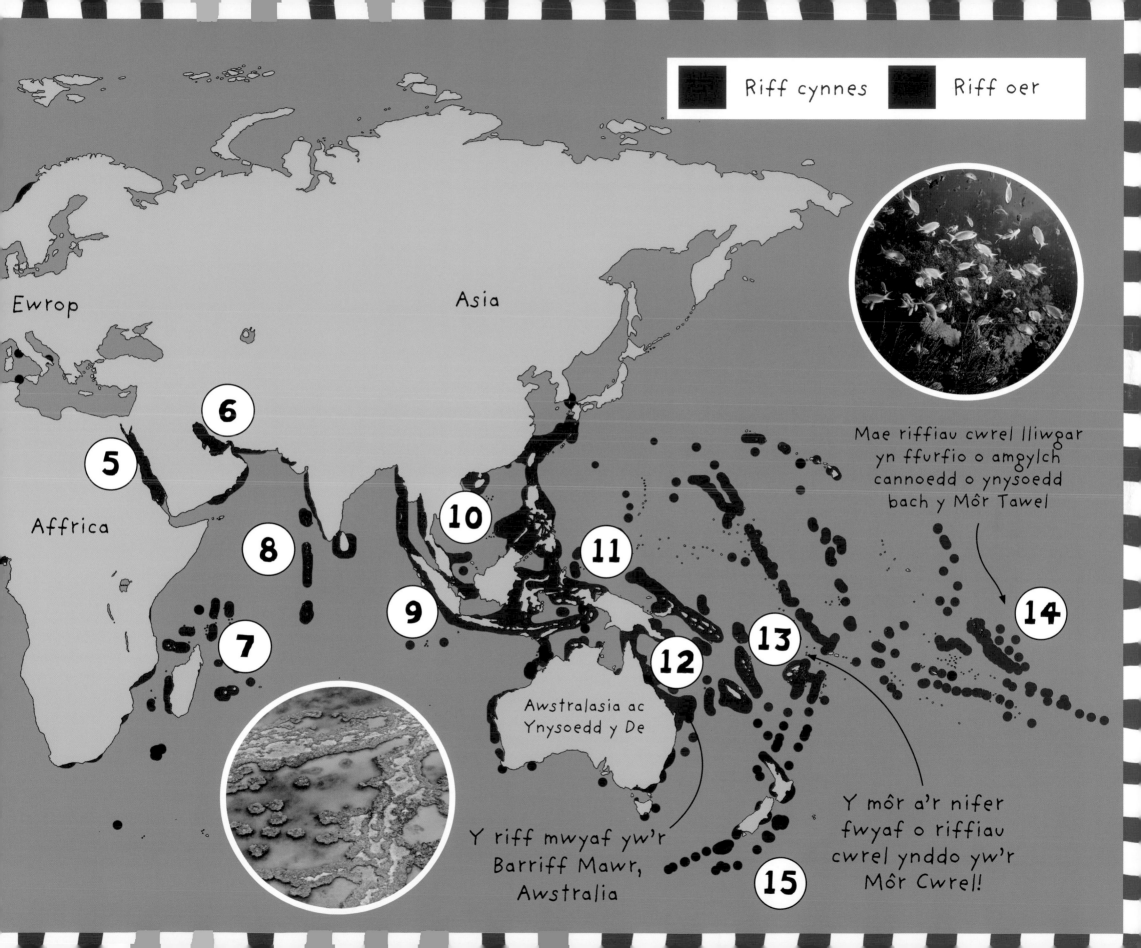

Ewrop

Asia

Affrica

Mae riffiau cwrel lliwgar
yn ffurfio o amgylch
cannoedd o ynysoedd
bach y Môr Tawel

5

6

8

7

10

11

9

12

13

14

Awstralasia ac
Ynysoedd y De

Y riff mwyaf yw'r
Barriff Mawr,
Awstralia

Y môr a'r nifer
fwyaf o riffiau
cwrel ynddo yw'r
Môr Cwrel!

15

Polypau cwrel

Mae polypau, fel slefrod môr ac anemoni'r môr, yn gallu `lladd`! Maen nhw'n pigo ac yn llyncu eu hysglyfaeth, ar ôl eu dal yn eu ceg, sydd yng nghanol eu `tentaclau`. Mae `planhigion` bach o'r enw algâu yn byw yn eu cyrff, ac yn `rhannu` eu bwyd. Yn y nos y bydd polypau'n bwyta, a bydd y riff yn pefrio â `lliwiau` llachar.

Canghennau polypau, fel coed bach

Ffaith hwyl

Mae rhai grwpiau o bolypau cwrel dŵr dwfn dros 4,000 mlwydd oed!

Ffeithiau pwysig:

Maint: y rhan fwyaf yn llai na - 1 modfedd (2.5 cm) o daldra

Cartref: Moroedd cynnes, clir, bas

Faint o berygl?

Un o'r **creaduriaid** sy'n teithio bellaf yn y môr yw'r crwban môr gwyrdd. Gall nofio dros 2,000 o filltiroedd (2,300 km) bob blwyddyn. Mae **cragen** fawr drwchus yn **gwarchod** ei gorff, ac mae ei esgyll yn torri trwy'r dŵr fel rhwyfau mewn cwch rhwyfo. Pan fydd yn symud, rhaid i'r crwban **anadlu'n** aml, neu bydd yn boddi.

Ffaith hwyl
Pan fydd yn cysgu, gall crwban môr aros o dan y dŵr am chwe awr!

'Pig' finiog sy'n torri planhigion i'w bwyta

Ffeithiau pwysig:
Maint, hyd at: 5 troedfedd (1.5 m)
Cartref: Môr neu gefnfor cynnes
Faint o berygl?

Crwban môr gwyrdd

Llysywen farus

Gall y geg agor yn llydan iawn

Ffaith hwyl

Mae gan y llysywen farus ddannedd miniog iawn yn ei gên — ac yn ei gwddf hefyd!

Gan guddio mewn **ogof** neu mewn bwlch rhwng y cwrel, bydd y llysywen farus yn **gwylio** ac yn aros am bysgod a bwyd arall. Yn **sydyn**, gall ymestyn ei chorff hir, nadreddog a **chipio'i** bwyd â'i dannedd miniog, cyn **sleifio'n** ôl i'w ffau i'w **lyncu**.

Ffeithiau pwysig:

Maint, hyd at: 10 troedfedd (3 m) o hyd

Cartref: Cefnfor India a'r Môr Tawel

Faint o berygl?

Mae **dannedd** y pysgodyn parot yn agos iawn at ei gilydd ac yn ffurfio pig gadarn a chryf. Bydd y **big** yn **crafu'r** creigiau a'r cwrel er mwyn casglu pob math o anifeiliaid a phlanhigion bach. Bydd y **graig** mae'r pysgodyn wedi'i llyncu yn cael ei threulio yn y corff ac yn dod allan ohono fel **gronynnau** bach gwyn – tywod cwrel!

Cen caled

Ffeithiau pwysig:

Maint, hyd at:
16 modfedd (40 cm)

Cartref: Y Môr Coch, y Caribî, Cefnfor India a'r Môr Tawel, y Gwlff

Faint o berygl?

Pysgodyn parot

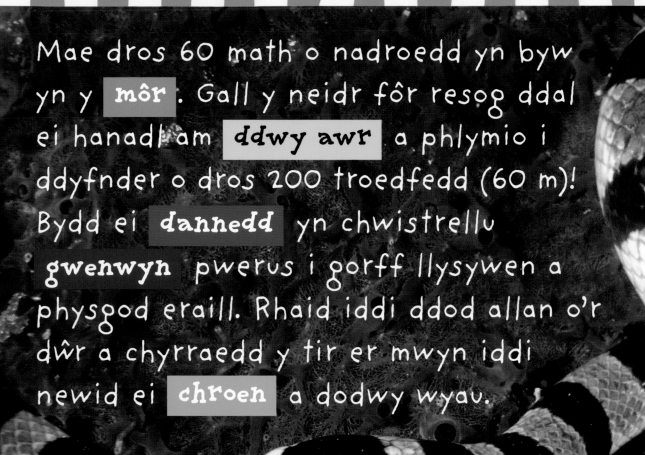

Mae dros 60 math o nadroedd yn byw yn y **môr** . Gall y neidr fôr resog ddal ei hanadl am **ddwy awr** a phlymio i ddyfnder o dros 200 troedfedd (60 m)! Bydd ei **dannedd** yn chwistrellu **gwenwyn** pwerus i gorff llysywen a physgod eraill. Rhaid iddi ddod allan o'r dŵr a chyrraedd y tir er mwyn iddi newid ei **chroen** a dodwy wyau.

Ffeithiau pwysig

Maint: 3 – 5 troedfedd (90 cm – 1.5 m)

Cartref: Dwyrain Cefnfor India a gorllewin y Môr Tawel

Faint o berygl?

Corff hir ac ystwyth

Ffaith hwyl
Bydd y neidr fôr hon yn nofio i fyny afonydd, yn sleifio ar y tir — ac yn dringo coed!

Neidr fôr

Mae gwlithod y môr yn greaduriaid hardd iawn. Mae'r wlithen fôr letys yn llithro ar ei throed llysnafeddog, a'i chefn yn disgleirio'n lliwgar. Pwrpas y sioe lachar hon yw rhybuddio creaduriaid eraill fod blas drwg ar wlithen fôr ac y gallai eu gwenwyno, felly maen nhw'n gadael llonydd iddi.

Gwlithen fôr

Ffaith hwyl
Bydd y wlithen fôr letys yn dodwy hyd at 500 o wyau ar y tro!

Ffeithiau pwysig

Maint, hyd at:
2 fodfedd (5 cm)

Cartref:
Y Caribî a gorllewin yr Iwerydd

Faint o berygl?

Tentaclau ar y pen

Riff cwrel **mwya'r** byd yw'r Barriff Mawr ac mae'n ymestyn ar hyd glannau gogledd-ddwyrain Awstralia . Mae'r gadwyn hon o tua 3,000 o riffiau gwahanol a bron i 1,000 o **ynysoedd** yn gartref i 1,500 math o bysgod, **5,000** o wahanol fathau o bysgod cregyn, 200 math o adar y môr a 50 math gwahanol o siarc!

Ffaith hwyl

Bydd un o greaduriaid mwya'r byd yn ymweld â'r riff — y morfil cefngrwm, sy'n pwyso 36,000 kg.

Mae cwrel creigiog Heart Reef wedi ffurfio siâp calon yn naturiol

Ffeithiau pwysig

Maint: dros 1,600 milltir (2,575 km) o hyd

Yn cynnwys:
Dros 400 math o gwrel

Oedran: Mae'r rhan fwyaf o gwrel yn iau na 10,000 mlwydd oed

Y Barriff Mawr

BerdySyn glanhau

Pinsiwrn bach i godi darnau o fwyd

Ffaith hwyl

Bydd pysgodyn sy'n aros i gael ei lanhau yn agor ei geg yn llydan, gan ddangos ei bod hi'n ddiogel i'r berdysyn fynd i mewn.

Bydd berdysyn glanhau yn aros ar ei hoff graig am 'gwsmer' i'w lanhau. Pysgodyn â llau pysgod, neu rywbeth tebyg i chwain – ar ei groen, ei dagell neu hyd yn oed yn ei geg, fydd y cwsmer fel arfer. Bydd y berdysyn glanhau'n cropian dros y cwsmer, yn pigo'r chwain ac yn eu bwyta. Yna, bydd y pysgodyn yn lân, ac mae'r berdysyn yn cael gwledd!

Ffeithiau pwysig

Maint, hyd at:
2 fodfedd (5 cm)

Cartref: Môr y Canoldir a'r Môr Coch

Faint o berygl?

Mae **draig y môr** yn edrych yn union fel darn o **wymon** oherwydd bod ei hesgyll, ei ffrondiau, a siâp ei chorff yn debyg i ddail rhyfedd. Mae'r creadur hwn, fel y morfarch, yn anodd ei weld oherwydd ei fod mor debyg i'w **amgylchedd** — defnyddiol iawn er mwyn cuddio rhag **ysglyfaethwyr** !

Esgyll yn symud fel gwymon yn y dŵr

Ffeithiau pwysig

Maint, hyd at: 14 modfedd (35 cm)

Cartref: Cefnfor India ac arfordir Awstralia

Faint o berygl?

Ffaith hwyl
Dyma un o'r nofwyr mwyaf araf o blith holl bysgod y byd.

Draig y môr

Mae'r dreigbysgodyn yn hardd , gyda'i esgyll pigog, hir a streipiog . Ond mae'n gallu chwistrellu gwenwyn sydd yn farwol i greaduriaid eraill y môr, er nad yw'n lladd pobl, fel arfer. Mae'r pysgodyn hwn yn dda am hela , a gall lyncu'i ysglyfaeth yn gyfan mewn un glec gyflym.

Ffaith hwyl
Gall bol dreigbysgodyn chwyddo hyd at 30 gwaith ei faint arferol.

Asgell bigog â'i blaen miniog

Ffeithiau pwysig

Maint, hyd at:
17 modfedd
(43 cm)

Cartref: Cefnfor India a'r Môr Tawel, gorllewin yr Iwerydd a'r Caribî

Faint o berygl?

DreigbySgodyn

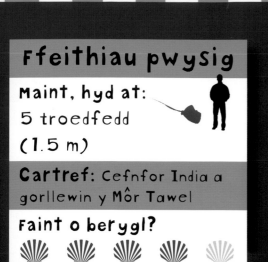
Byddwch yn ofalus o'r forgath ddu a smotiau glas. Dan ei chynffon mae dau bigyn caled, miniog iawn fel cyllyll bach, sy'n gallu chwistrellu gwenwyn poenus. Mae'r forgath hon yn llithro'n araf dros y rhannau gwastad rhwng creigiau cwrel, yn chwilio am fwydod, crancod a chreaduriaid tebyg sy'n cuddio o dan y tywod.

Esgyll ochr fel adenydd

Morgath ddu

Ffaith hwyl

Gall siarcod pen morthwyl fwyta morgathod – nid ydyn nhw'n ofni cael eu pigo!

Bydd y môr-ddraenog hwn yn cuddio yn ystod y dydd ac yn dod allan i fwyta yn y nos . Mae ei geg , sydd o dan ei gorff, yn crafu'r graig i gael bwyd a bydd y pigau hir ar ei gefn yn siglo'n ôl ac ymlaen i'w ddiogelu . Mae môr-ddraenogod yn symud drwy ddefnyddio 'traed tiwb', sef rhannau hir, ystwyth o'u cyrff sy'n dod allan o'r gragen siâp pêl.

Ffaith hwyl
Yng ngheg y môr-ddraenog mae pum dant miniog mewn cylch a gall gnoi drwy garreg!

Ffeithiau pwysig

Maint, hyd at:
10 modfedd
(25 cm) ar draws

Cartref: Ynysoedd y Môr Tawel, yn enwedig Hawaii

Faint o berygl?

Môr-ddraenog

Siarc riff

Mae blaen yr asgell yn ddu

Mae'r geg ar ochr isaf y pen

Bydd y siarc riff hwn, sydd â marciau du ar ei esgyll, yn nofio o gwmpas y riff sy'n gartref iddo, yn **gwylio** ac aroglevo, yn barod i nofio ar ôl ei ysglyfaeth ... ac yna **snap!** **Pysgod** yw ei brif fwyd, ond bydd hefyd yn llyncu berdysyn, corgimwch, cranc, mwydyn, **neidr fôr**, ystifflog, octopws, crwban môr bach, aderyn y môr ... **unrhyw beth**, fwy neu lai!

Ffeithiau pwysig

Maint, hyd at:
6 troedfedd (1.8 m) o hyd

Cartref: Cefnfor India a'r Môr Tawel

Faint o berygl?

Dyma bysgodyn cragen **mwyaf** y byd, ac mae'n pwyso cymaint â phedwar oedolyn. Bydd yn sugno dŵr er mwyn **hidlo** anifeiliaid a **phlanhigion** bychan iawn i'w bwyta. Hefyd, fel polypau cwrel, mae micro-blanhigion yng **nghorff** cragen fylchog. Maen nhw'n rhannu eu bwyd â hi, ac mae'r gragen fylchog yn rhoi lle **diogel** i'r creaduriaid bach fyw.

Ffaith hwyl
Bydd y gragen fylchog fawr yn aros yn yr un ardal drwy ei hoes, sy'n gallu bod mor hir â 100 mlynedd!

Ffeithiau pwysig

Maint, hyd at:
4 troedfedd
(1.2 m) ar draws

Cartref: De-ddwyrain Asia a'r Môr Tawel

Faint o berygl?

Cragen fylchog fawr

Dyma un o'r **sêr môr** mwyaf ei maint, mwyaf **dinistriol** a mwyaf llwglyd yn y byd! Mae ganddi dros 20 o freichiau a bydd ei phigau yn chwistrellu **gwenwyn** sy'n achosi **poen** a gwaedu. Mae'r goron ddrain yn bwyta polypau cwrel a chreaduriaid bach eraill y riff, gan achosi **niwed** mawr i'r riff. Dyma ddihiryn go iawn!

Mae dros 50 o bigau ar bob braich

Ffaith hwyl
Gall y drain miniog, caled, pigog fod mor hir â 2 fodfedd (5 cm) o hyd!

Coron ddrain

Ffeithiau pwysig

Maint, hyd at: 28 modfedd (70 cm)

Cartref: Cefnfor India a'r Môr Tawel

Faint o berygl?

Pysgodyn clicied

Ffeithiau pwysig

Maint, hyd at: 20 modfedd (50 cm)

Cartref: Cefnfor India a'r Môr Tawel

Faint o berygl?

Mae pigyn caled ar flaen yr asgell ddorsal gyntaf

Mae gan y pysgodyn hwn ddannedd caled siâp pig sy'n gallu crafu am fwyd. Mae ganddo hefyd 'glicied' – asgell sy'n gorwedd yn fflat ar ei gefn. Gall y 'glicied' godi i drywanu gelyn, neu ddal y pysgodyn yn sownd mewn hollt fel na all dim ei dynnu allan.

Ffaith hwyl

Mae dannedd y pysgodyn hwn mor gryf nes eu bod yn gallu cnoi drwy gragen cranc!

Mae dros 200 o riffiau cwrel yn ardal y Caribî – sef bron 10 y cant o holl ardaloedd riffiau cwrel y byd. Mae'r riffiau hyn yn gartref i tua 600 math gwahanol o bysgod. Bydd y ffurfiau cwrel yn aml yn cael eu chwalu gan stormydd mawr neu gorwyntoedd rhwng mis Mehefin a mis Tachwedd bob blwyddyn.

Ffeithiau pwysig

Maint: Mae'r riff mwyaf yn 140 milltir (225 km) o hyd

Amrywiaeth: Dros 60 math o gwrel

Oedran: Amrywiol – mae ambell riff dros 1,000 mlwydd oed

Mae llawer o fywyd môr yma, fel y pysgodyn rhingyll

Riffiau'r Caribî

Ffaith hwyl

Mae riffiau wedi tyfu dros sawl llongddrylliad, gan gynnwys llongau môr-ladron!

Ar ôl cuddio drwy'r dydd yn ei ogof , bydd octopws riff y Caribî yn dod allan i hela yn y nos. Mae ganddo wyth o freichiau hir, ystwyth, a sugnolynnau arnyn nhw i ddal ysglyfaeth fel cranc, berdys, cimwch a physgod amrywiol. Bydd yr octopws yn rhwygo'r rhain yn ddarnau gyda'i big finiog , sydd yng nghanol yr holl freichiau.

Mae'r prif gorff yn edrych fel sach

Ffeithiau pwysig

Maint, hyd at: 3 troedfedd (90 cm) ar draws

Cartref: Y Caribî, Gwlff Mecsico a gorllewin yr Iwerydd

Faint o berygl?

Ffaith hwyl
Gall newid ei liw, er enghraifft, o wyrdd i goch, mewn ychydig eiliadau.

Octopws y riff

Anifail heb lygaid, clustiau, calon nac ymennydd yw anemoni'r môr. Ond mae'n greadur peryglus, sy'n dal ac yn pigo'i ysglyfaeth â'i dentaclau cyn ei llyncu. Mae pob math o liwiau llachar, yn binc a melyn, glas, gwyrdd, porffor a du, i'w gweld ar yr anemoni.

Ffeithiau pwysig

Maint:
1–4 modfedd
(2.5 – 10 cm) o daldra

Cartref: Y rhan fwyaf o foroedd a chefnforoedd

Faint o berygl?

Ffaith hwyl
Gall ambell fath o anemoni fyw mor hen â 80 mlwydd oed!

Anemoni'r môr

Clownbysgodyn

Mae'r clownbysgodyn yn hoffi cuddio'n ddiogel rhwng tentaclau ei 'ffrind', yr **anemoni**. Gan fod haenen denau o **lysnafedd** drosto, nid yw'n cael ei bigo gan anemoni'r môr — yr un pigiadau sy'n cadw'r **helwyr** draw. Bydd y clownbysgodyn yn bwyta'r gwastraff bwyd sydd yn y **tentaclau**, gan gadw anemoni'r môr yn **lân**.

Esgyll ochr mawr ar gyfer nofio

Ffeithiau pwysig

Maint, hyd at:
4 modfedd
(10 cm) o hyd

Cartref: Dwyrain Cefnfor India a gorllewin y Môr Tawel

Faint o berygl?

Riffiau mewn perygl

Mae riffiau cwrel yn llawn o **fywyd gwyllt** hardd. Does unman arall, bron, â chymaint o blanhigion ac **anifeiliaid**. Ond mae'r riffiau mewn **perygl** dros y byd i gyd.

Wrth i **gynhesu byd-eang** effeithio ar y cefnforoedd, mae'r dŵr cynnes yn **lladd** y polypau cwrel. Bydd y riffiau'n edrych yn **ddi-liw** a difywyd.

Mae **llygredd** afonydd yn achosi i fwy o bridd a mwd symud o'r **tir**, gan wneud y dŵr yn gymylog. Bydd hwn yn gorchuddio'r polypau cwrel ac yn eu **mygu**.

Bydd pobl yn dal creaduriaid y mor mewn dulliau sy'n gwneud **niwed**: llusgo **rhwydi** ar hyd gwely'r môr, arllwys gwenwyn i'r dŵr — a defnyddio **ffrwydron**!

Geirfa

Algâu: Mathau o blanhigion syml sy'n byw yn y môr yn bennaf. Mae rhai yn fach iawn fel smotiau sy'n arnofio yn y dŵr neu'n byw tu mewn i gyrff rhai anifeiliaid, ac eraill fel gwymon enfawr sy'n mesur sawl metr o hyd.

Corwynt: Storm enfawr a gwyntoedd cryf sy'n digwydd yn y Caribî rhwng mis Mehefin a mis Tachwedd.

Cwrel: Polypau cwrel a'r creigiau maen nhw'n eu ffurfio.

Cynhesu byd-eang: Tymheredd y Ddaear yn codi, gan gynnwys y moroedd a'r cefnforoedd, oherwydd gweithgareddau pobl, yn arbennig llosgi tanwydd ffosil, fel petrol, diesel, glo, olew a nwy naturiol.

Dorsal: Ffurf sy'n tyfu allan o gefn neu arwyneb uchaf anifail.

Esgyll: Rhannau llydan o'r corff, fel fflapiau, sy'n helpu pysgodyn neu ddolffin i symud.

Ffrondiau: Darnau llipa, fel dail, sydd i'w gweld ar blanhigion fel gwymon, neu ar rai anifeiliaid, fel draig môr.

Gwenwyn: Sylwedd peryglus y bydd rhai anifeiliaid yn ei gynhyrchu. Mae'n gallu achosi llawer o boen a niwed — a lladd, hyd yn oed — fel arfer wrth ei fwyta.

Llygredd: Gwneud niwed i'r amgylchedd, er enghraifft, drwy ddefnyddio cemegion peryglus, cynhyrchu sbwriel ac yn y blaen.